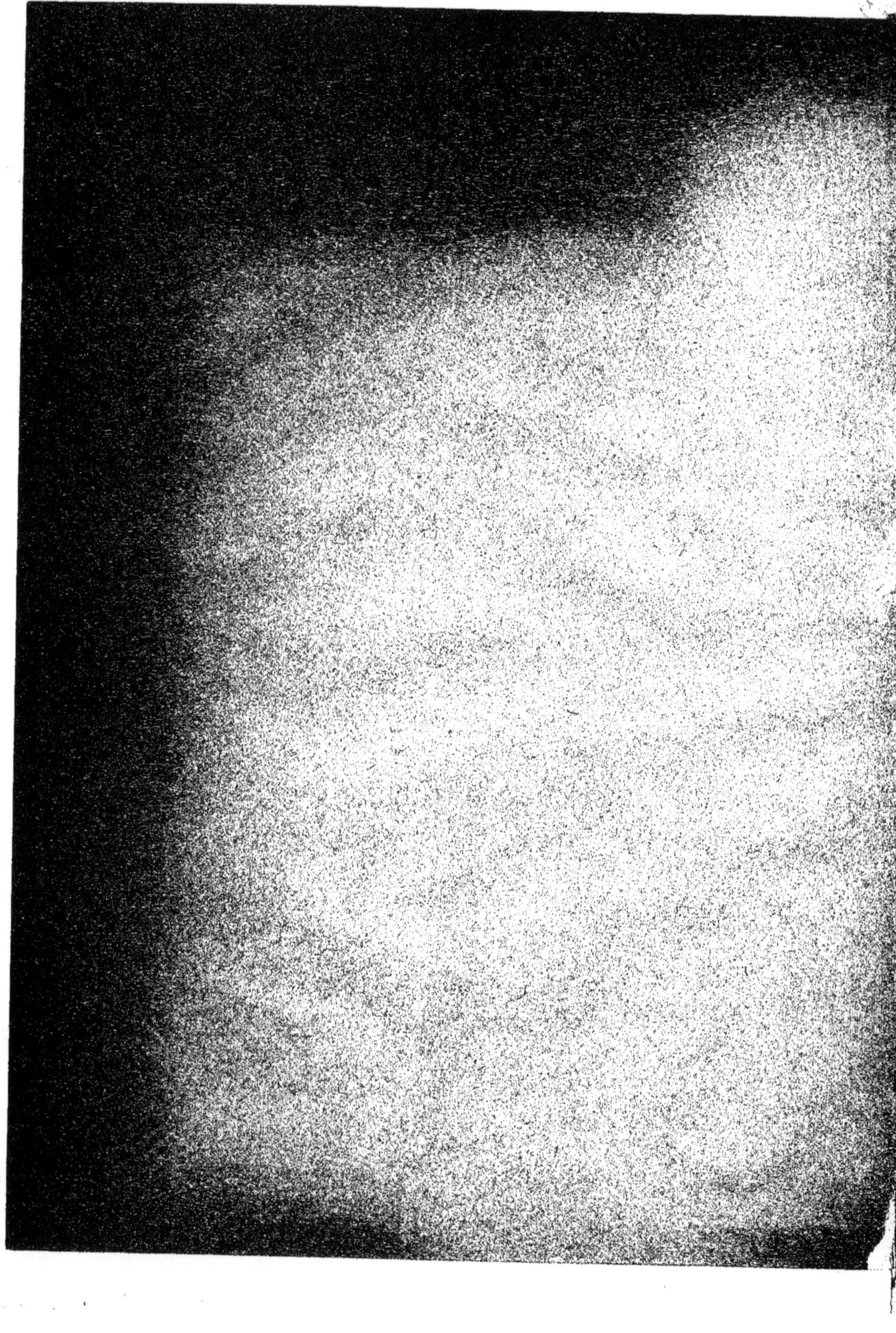

Nouveau Mode d'Enseignement.

# ÉCOLE de FANFARE

OU

# MÉTHODE d'ENSEMBLE

POUR

tous les instruments en Cuivre

PAR

## M. GUICHARD

Ouvrage adopté par les principaux Professeurs et Chefs de Musique.

Prix : 20f

DÉPOSÉ

Propriété de l'Auteur pour tous Pays

PARIS, chez GAUTROT, Md de Musique et d'Instruments, rue St Louis, 60
et chez tous les Mds de Musique de la France et de l'Étranger

1865

## A Messieurs les Professeurs et Chefs de Musique.

Les bons professeurs, dit-on, font les bonnes Méthodes; ceci est une grande vérité, surtout quand on entend par Méthode le phrasé, le style, le goût. Mais quand il s'agit de ces ouvrages élémentaires destinés aux élèves, ouvrages qui servent à les guider pas à pas dans le vaste labyrinthe des difficultés musicales, il est certain que dans ce cas si les bonnes Méthodes ne font pas les bons professeurs du moins elles leur viennent en aide considérablement. C'est sous la préoccupation de cette pensée que j'ai écrit ce nouvel ouvrage, qui a pour titre *École de Fanfare*, et qui, tout en servant à l'enseignement *individuel*, est conçu de manière à combler une grande lacune en rendant possible à M.M. les Professeurs de donner leçon *à plusieurs élèves à la fois*, quelque soit leur nombre et lors même qu'ils jouent des instruments différant de timbre et de tonalité.

Cette Méthode sera surtout très utile à M.M. les chefs de musique, qui pourront former en même temps tous leurs élèves, quelque nombreux qu'ils soient.

Dans cet ouvrage les principes sont expliqués d'une manière claire et précise; les leçons y sont placées dans l'ordre le plus progressif; chaque exercice de la mesure a son application sur des airs connus ou des mélodies des plus grands maîtres formant 40 *Récréations* à une, deux, trois, quatre, six et 14 Parties, arrangées de manière à être jouées par un ou plusieurs instruments ou même par une fanfare plus ou moins nombreuse. Dans ces récréations les différents genres de musique sont traités avec le plus grand soin; j'ai fait tout mon possible, pour rendre la leçon utile et progressive sans, qu'elle cesse d'être agréable aux élèves qui, s'ils suivent scrupuleusement toutes les indications de ce *nouveau mode d'enseignement*, seront promptement à même de faire convenablement leur partie à première vue dans toute espèce de réunion musicale.

J'ose espérer, Messieurs, qu'en accueillant favorablement cet ouvrage vous donnerez une nouvelle preuve de sympathie à l'artiste qui a compris que l'enseignement rendu facile et agréable est le moyen le plus rapide et le plus sûr de propager l'art musical.

Votre collègue **M. GUICHARD.**

Voir le guide de la Méthode.

# GUIDE DE LA MÉTHODE.

## PRINCIPES. (Page 1)

Les élèves, avant de commencer à jouer, doivent apprendre les principes, savoir lire les notes et connaître tous les mots et tous les signes employés dans la musique.

## DES INSTRUMENTS. (Page 6)

Les élèves doivent analyser et comprendre tout ce qui concerne l'instrument sous le double rapport du mécanisme et de la production des sons.

## EXERCICES PRÉPARATOIRES. (Page 9.)

Les exercices préparatoires, jusqu'à la page 16 doivent être étudiés séparément, par chaque élève. Cependant, si le professeur le juge convenable, il pourra les faire dire d'abord par les instruments **en SI ♭**, puis par les instruments **en MI ♭**.

## LEÇONS DE SOLFÈGE ET D'ENSEMBLE. (Page 16)

Le professeur peut faire jouer **ensemble** le nombre d'élèves qu'il jugera convenable, à la condition de faire lire **la page gauche** aux instruments **en SI ♭** et **la page droite** aux instruments **en MI ♭**.

Les Basses **en UT** et les Trombonnes **à coulisse** liront à la **page droite** en supposant une **clef de Fa** (Voyez page 8.) Cette méthode ayant pour but principal de fournir, a MM. les professeurs, la possibilité de donner leçon à un nombre indéterminé d'élèves, il est bien entendu qu'il sera toujours possible de jouer les récréations avec un seul ou plusieurs des instruments désignés pour chacune des parties.

Quand les élèves seront nombreux, chaque élève devra être muni d'une méthode et suivra la partie qui lui sera indiquée par le professeur. (★)

## GAMMES ET THÈMES VARIÉS

Les gammes et les thèmes variés seront joués à l'unisson par tous les élèves, les instruments en Si ♭, **page gauche** et les instruments en **Mi ♭ page droite**.

Dans les thèmes variés, lorsque les instruments en Si ♭ ont des contre-temps à faire, les instruments en Mi ♭ frappent la mesure, et vice versa.

Le thème varié, mesure à $\frac{6}{8}$ page 34 est à deux parties; les instruments en Mi ♭ accompagnent ceux en Si ♭, ou inversement

## RÉCRÉATIONS À UNE PARTIE. (N.os 1, 4, 7, 16, 18, 21, 22, 23, 28, 30.)

Les récréations à une partie sont jouées à **l'unisson** par tous les élèves à la fois.

Les instruments en Si ♭ lisent à la **page gauche**, pendant que ceux en Mi ♭ lisent à la **page droite**.

## RÉCRÉATIONS À DEUX PARTIES (N.os 2, 5, 8, 10, 13, 19, 24, 31)

Ces récréations peuvent être jouées: 1° à l'unisson par tous les instruments la 1.re partie seulement 2° à deux parties, les instruments pouvant être disposés de deux manières.

### 1.re DISPOSITION.

1.re PARTIE. { *Page gauche.* — Les Cornets, les Contraltos.
1.re PORTÉE. } *Page droite.* — Le Soprano, les Trompettes à Cylindres.
2.me PARTIE. { *Page gauche.* — Les Barytons, Tromb: à Pistons SI ♭, les Basses et C.tre Basses SI ♭.
2.me PORTÉE. } *Page droite.* — Les Ténors MI ♭, Cors MI ♭, Tromb: MI ♭, C.tre Basse MI ♭. Plus les Basses en UT et les Tromb: à Coulisse

### 2.me DISPOSITION.

1.re PARTIE. { *Page gauche.* — Les 1.ers Cornets, 1.ers Contraltos, 1.er Baryton, 1.er Tromb: à Pist:, 1.re Basse Solo.
1.re PORTÉE. } *Page droite.* — Le Soprano, 1.re Tromp:, 1.er Ténor, 1.er Cor, Tromb: MI ♭. Plus la 1.re Basse en UT et le 1.er Tromb: à Coulisse
2.me PARTIE. { *Page gauche.* — Les 2.ds Cornets, 2.ds Contraltos, 2.d Baryton, 2.me et 3.me Tromb: à Pist:, les Basses et C.tre Basses SI ♭.
2.me PORTÉE. } *Page droite.* — La 2.de Tromp:, 2.ds Ténors, 2.d Cor, C.tre Basse MI ♭. Plus la 2.de Basse en UT, le 2.me et 3.me Tromb: à Coulisse.

## RÉCRÉATIONS À TROIS PARTIES (N.os 3, 6, 9, 11, 12, 14, 20, 25, 32, 33)

Ces récréations peuvent être jouées: 1° à l'unisson la 1.re partie seulement, 2° à deux parties en supprimant la 3.me excepté dans les récréations 11 et 12 où il est préférable de supprimer la seconde partie.

(NOTA) Quand on joue ces récréations à deux parties, les instruments de la partie supprimée lisent alors sur les deux autres parties en se conformant aux dispositions déjà indiquées pour les récréations a deux parties.

---

(★ NOTA) Les élèves qui ne voudraient pas faire la dépense de l'ouvrage complet, trouveront *des Petites Méthodes* du même auteur et spéciales aux divers instruments. Avec une de ces petites méthodes l'élève pourra prendre des leçons individuelles, étudier ou faire de la musique à plusieurs parties, ou suivre les cours d'ensemble; elles ont pour titre *Ecole de Fanfare* ou *Méthode Solfège* pour *Cornet*, *Saxhorns* etc: etc:

Nous publions également une Méthode pour *Basse à quatre cylindres* et à la *clef de Fa*. On pourra s'en servir dans les cours d'ensemble.

DISPOSITION DES INSTRUMENTS (à 3 parties)

1re PARTIE. { *Page gauche.* — Les 1ers Cornets, 1ers Contraltos.
1re PORTÉE. { *Page droite.* — Le Soprano, les Trompettes à Cylindres.
2me PARTIE. { *Page gauche.* — Les 2ds Cornets, 2ds Contraltos.
2me PORTÉE. { *Page droite.* — Les Ténors, Cors, Trombonnes MI ♭.
3me PARTIE. { *Page gauche.* — Les Barytons, Trombonnes à Pistons, Basses et Ctre Basses SI ♭.
3me PORTÉE. { *Page droite.* — Les Ctre Basses MI ♭. Plus les Basses en UT, les Trombonnes à Coulisse.

## RÉCRÉATIONS À QUATRE PARTIES (Nos 15, 17, 26, 27, 29, 34.)

Ces récréations peuvent être également jouées: 1° à l'unisson, la 1re partie seulement; 2° à deux parties en prenant la 1re et la 4me. 3° à trois parties en supprimant seulement ou la **3me Partie** page droite ou la **2me Partie** page gauche.

Dans l'un ou l'autre cas, les instruments des parties supprimées rentrent dans les dispositions déjà indiquées soit pour les récréations à deux parties, soit pour les récréations à trois parties.

DISPOSITION DES INSTRUMENTS (à 4 parties)

1re PARTIE. { *Page gauche.* — 1ers Cornets, 1ers Contraltos.
1re PORTÉE. { *Page droite.* — Soprano, Trompettes à Cylindres.
2me PARTIE. 2me PORTÉE. — *Page gauche.* — 2ds Cornets, 2ds Contraltos.
3me PARTIE. 2me PORTÉE. — *Page droite.* — Ténors, Cors, Trombonnes MI ♭.
4me PARTIE. { *Page gauche.* — Barytons, Trombonnes à Pistons, Basses et Ctre Basses SI ♭.
3me PORTÉE. { *Page droite.* — Ctre Basses MI ♭. Plus les Basses en UT et les Trombonnes à Coulisse.

(NOTA) Les Barytons et les Trombonnes peuvent être divisés comme l'entendra le professeur.

## RÉCRÉATIONS À SIX PARTIES (Nos 35, 37, 38, 39.)

Ces récréations peuvent être également jouées: 1° à l'unisson, la 1re partie seulement; 2° à deux parties en prenant la 1re et la 6me; 3° à quatre parties, en supprimant, soit les deux parties de la **2me portée page droite**, ou les deux parties de la **2me portée page gauche**.

Dans ces deux derniers cas les parties supprimées rentre dans les dispositions indiquées dans les récréations à deux ou à quatre parties.

DISPOSITION DES INSTRUMENTS (à 6 parties.)

1re PARTIE. { *Page gauche.* — 1ers Cornets, 1ers Contraltos.
1re PORTÉE. { *Page droite.* — Sopranos, Trompettes à Cylindres.
2me et 3me PARTIES. 2me PORTÉE. *Page gauche.* — 2ds Cornets, 2ds Contraltos.
4me et 5me PARTIES. 2me PORTÉE. *Page droite.* — Ténors, Cors, Trombonne, Alto.
6me PARTIE. { *Page gauche.* — Barytons, Trombonnes à Pistons, Basses et Ctre Basses SI ♭.
3me PORTÉE. { *Page droite.* — Ctre Basses. MI ♭. Plus les Basses en UT et les Trombonnes à Coulisse.

## 36me RÉCRÉATION.

La 36me récréation, qui est à 6 parties, contient **six airs différents.**

*Page gauche.* { 1re PORTÉE. — *AIR ESPAGNOL.* Par tous les Cornets.
2me PORTÉE. — *AIR HONGROIS.* Par tous les Contraltos.
3me PORTÉE. — *AIR TYROLIEN.* Par les Barytons, Trombonnes à Pistons, les Basses et les Ctre Basses SI ♭.

*Page droite.* { 1re PORTÉE. — *AIR VIENNOIS.* Par les Sopranos les, Trompettes à Cylindres.
2me PORTÉE. — *AIR RUSSE.* Par les Ténors, les Cors, le Tromb:, Alto.
3me PORTÉE. — *AIR ANGLAIS.* Par les Ctre Basses MI ♭. Plus les Basses en UT et les Tromb: à Coulisse.

Ces six airs peuvent être joués séparément, à l'unisson, ou en les combinant par deux, trois, quatre, cinq ou les six à la fois.

## 40me RÉCRÉATION (Pour fanfare complète)

Cette récréation, bien qu'elle soit pour fanfare complète, peut également se jouer avec cinq parties les plus obligées, qui sont:

1re PARTIE. — 1re PORTÉE. — *Page gauche* ou *page droite* suivant l'instrument.
2me et 3me PARTIES — 2me PORTÉE. — *Page gauche*
4me PARTIE. — 3me PORTÉE. — *Page gauche*
5me PARTIE. — 4me PORTÉE. — *Page gauche*

En ajoutant successivement les autres parties, qui sont plus ou moins ad libitum, on peut jouer cette fantaisie à **6, 7, 8, 9, 10, 11, 12, 13** et **14** parties.

(NOTA) A la 4me partie **page gauche** les petites notes du haut sont pour les basses qui jouent à la **clef de FA**, et les notes du bas sont pour les basses qui jouent à la **clef de SOL**. La portée est armée de deux clefs.

---

(OBSERVATIONS) Le professeur, selon la force de ses élèves, pourra à son gré dans toutes les récréations changer les dispositions ci-dessus indiquées, en donnant parfois une partie de chant soit au Ténor MI ♭, soit au Baryton ou au 1er Trombonne à Pistons etc: etc:

Si le professeur emploie des Trombonnes à Coulisse il devra, selon la force des exécutants, désigner, sur *la page droite* et dans chaque récréation, les parties qu'ils doivent jouer, en leur faisant observer qu'ils doivent toujours lire comme s'il y avait une *clef de FA*, et jouer parfois à l'octave les passages qui seraient écrits trop bas pour eux.

# PRINCIPES DE MUSIQUE

La musique est l'art de combiner les sons musicaux d'une manière agréable.

On représente les sons par sept notes qui sont: *Do, Ré, Mi, Fa, Sol, La, Si.* — On distingue les notes par la position qu'elles occupent sur cinq lignes parallèles, que l'on nomme *Portée.* — On fixe la position des notes sur la portée à l'aide de signes appelés *Clés.* — Il y a trois sortes de clés: la clé de *Do*, la clé de *Sol*, et la clé de *Fa*. La clé donne son nom à la note placée sur la même ligne qu'elle, et en prenant cette note pour point de départ les autres notes se trouvent avoir une position relative déterminée. La clé de *Sol* et la clé de *Fa* sont les seules employées pour les instruments de cuivre.

## DES NOTES À LA CLÉ DE SOL ET À LA CLÉ DE FA.

La clé de *Sol* placée sur la 2^me^ ligne sert pour tous les instruments à pistons.

La clé de *Fa* 4^me^ ligne n'est employée que pour les trombonnes à coulisse Cependant certains auteurs s'en servent pour les Basses à 4 cylindres.

## DES NOTES À LA CLÉ DE SOL.

Les notes sur les cinq lignes ne suffisant pas pour écrire tous les sons, on ajoute aussi d'autres notes au dessus et au dessous de la portée, on les distingue entre elles à l'aide de petites barres additionnelles.

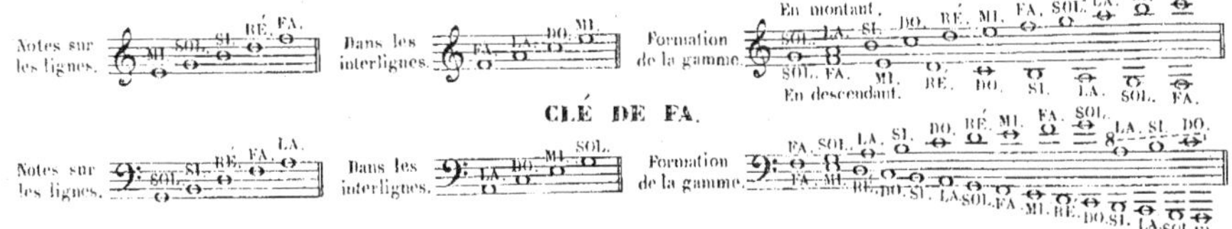


(NOTA.) Quand il y a un trop grand nombre de petites barres, ce qui rend la lecture de la musique difficile, on écrit les notes un octave au-dessous, en indiquant par un 8----- qu'il faut les jouer un octave plus haut.

## DE LA VALEUR DES NOTES ET DES SILENCES.

On exprime la *Valeur* ou *Durée* des sons par la forme des notes qui les représentent. Les notes prennent les noms de Ronde, Blanche, Noire, Croche, Double-Croche, Triple-Croche, et Quadruple-Croche.

La ronde .............. vaut 2 blanches

La blanche .............. vaut 2 noires

La noire .............. vaut 2 croches

La croche .............. vaut 2 doubles-croches

La double-croche .... vaut 2 triples-croches

La triple-croche ....... vaut 2 quadruples-croches

Les signes propres à indiquer les silences sont la pause, la Demi-pause, le Soupir, le Demi-Soupir, le Quart de soupir, le Demi-quart de soupir, et le Seizième de soupir.

La pause ..................... qui à la durée d'une ronde, vaut 2 demi-pauses

La demi-pause ............. qui à la durée d'une blanche, vaut 2 soupirs

Le soupir ................. qui à la durée d'une noire, vaut 2 demi-soupirs

Le demi-soupir ........... qui à la durée d'une croche, vaut 2 quarts de soupirs

Le quart de soupir ........ qui à la durée d'une double-croche, vaut 2 demi-quarts de soupirs

Le demi-quart de soupir qui à la durée d'une triple-croche vaut 2 seizièmes de soupirs

La *Ronde* vaut alors 2 blanches, ou 4 noires, ou 8 croches, ou 16 doubles, ou 32 triples, ou 64 quadruples. La *Blanche* vaut: 2 noires, ou 4 croches, ou 8 doubles, ou 16 triples, ou 32 quadruples. La *Noire* vaut: 2 croches, ou 4 doubles, ou 8 triples, ou 16 quadruples. La *Croche* vaut: 2 doubles, ou 4 triples, ou 8 quadruples. La *Double-croche* vaut: 2 triples, ou 4 quadruples. La *Triple-croche* vaut: 2 quadruples.

## DU POINT.

Un *Point* placé après une note 𝅗𝅥., ou après un silence 𝄾., augmente la note ou le silence de la moitié de leur valeur.

## DES MESURES.

Un morceau de musique est partagé en parties égales que l'on nomme *Mesures*. Les mesures sont marquées par de petites barres verticales dans la largeur de la portée. Les mesures se divisent en parties égales que l'on nomme *temps*. Les temps doivent être marqués par un mouvement très régulier du *pied droit*. Dans les musiques nombreuses on suit le mouvement indiqué par le chef. Les mesures sont à 4 à 3 ou à 2 temps. Les mesures à quatre temps s'indiquent par C ou 4. $\frac{12}{8}$, $\frac{4}{4}$. Les mesures à trois temps s'indiquent par 3 ou $\frac{3}{4}$, $\frac{3}{8}$, $\frac{9}{8}$, $\frac{9}{16}$. Les mesures à deux temps s'indiquent par ₵ ou 2, $\frac{6}{4}$, $\frac{2}{4}$, $\frac{6}{8}$.

(OBSERVATION.) La mesure marquée $\frac{2}{4}$ se bat à quatre temps dans les mouvements lents, et à deux temps quand le mouvement est vif.

Les mesures sont de deux sortes: les mesures *simples* et les mesures *composées*. Les mesures simples sont celles dont chaque temps est *binaire*, c'est à dire se divisant par 2, 4, 8 etc. Dans les mesures composées les temps sont *ternaires* et se divisent par 3, 6, 12 etc. Il y a trois mesures simples principales qui sont: la mesure à *quatre temps* indiquée par C ou 4. La mesure à *trois temps* indiquée par 3 ou $\frac{3}{4}$ et la mesure à *deux temps* indiquée par ₵ ou 2. Il y a deux autres mesures simples qui sont des réductions des précédentes, ce sont: la mesure à deux quatre $\frac{2}{4}$, qui est la réduction de la mesure à quatre temps ou à deux temps et la mesure à trois-huit $\frac{3}{8}$ qui est la réduction de la mesure à trois temps. Chacune de ces cinq mesures simples a sa mesure composée.

(NOTA) Lorsque la mesure est indiquée par deux chiffres, le chiffre supérieur donne la quantité de valeurs qu'il faut pour une mesure, et le chiffre inférieur en désigne la qualité. Ainsi $\frac{12}{8}$ veut dire douze huitièmes de la *ronde*, ou douze croches pour une mesure, $\frac{3}{8}$ veut dire trois huitième de la *ronde*, ou trois croches pour une mesure, $\frac{2}{4}$ veut dire deux quarts ou deux noires pour une mesure.

(OBSERVATION) La mesure à quatre temps et la mesure à deux temps se forment de la même valeur, c'est à dire d'une ronde, quand la mesure est indiquée C on bat quatre temps, quand elle est indiquée ₵ ou 2 on bat à deux temps.

Mesure simple à 4 ou à 2 temps, la valeur d'une ronde pour une mesure.

Mesure composée à douze-huit, la valeur d'une ronde pointée pour une mesure.

Mesure simple à deux-quatre, la valeur d'une blanche pour une mesure.

Mesure composée à six-huit, la valeur d'une blanche pointée pour une mesure.

Mesure simple à trois temps, la valeur d'une blanche pointée pour une mesure.

Mesure composée à neuf-huit, la valeur d'une blanche pointée et d'une noire pointée pour une mesure.

Mesure simple à trois-huit, la valeur d'une noire pointée pour une mesure.

Mesure composée à neuf-seize, la valeur d'une noire pointée et d'une croche pointée pour une mesure.

(NOTA) Dans les mesures à *quatre temps* le 1er et le 3me sont *forts*, le 2me et le 4me sont *faibles*. Dans les mesures à *deux temps* le 1er est *fort* et le 2me est *faible*. Dans les mesures à *trois temps* le 1er est toujours *fort*, le 2me et le 3me sont *faibles*; cependant parfois les deux premiers sont *forts*, et le 3me *faible*, et d'autres fois le 1er et le 3me sont *forts* et le 2me *faible*. Il est des cas ou les temps se subdivisent ainsi: la 1re moitié du temps est la partie *forte*, et la 2me est *faible*.

## DES TRIOLETS.

On nomme *Triolets*, des groupes de trois notes pour deux, ou de six pour quatre, qu'on rencontre assez souvent dans les mesures simples ainsi que dans les mesures composées, ils sont désignés par un 3 ou un 6 placé au dessus de chaque groupe.

## DES SYNCOPES.

Lorsque deux notes égales sont liées par un trait on en réunit la valeur en donnant un coup de langue sur la première et en prolongeant le même souffle sur la 2me. Deux blanches liées représentent alors une ronde, deux noires liées représentent une blanche etc. Le son de ces notes liées étant partagé par la mesure, ou bien encore une note quelconque étant partagée par un des temps de la mesure produit une *syncope*. Dans les syncopes il faut faire sentir le départ de la note, qui est au temps faible, et éviter de faire sentir la seconde partie qui est au temps fort.

(NOTA) La syncope prend le nom de syncope brisée, quand les deux notes qui la forment ne sont pas d'égale valeur.

## DU MOUVEMENT.

On nomme *Mouvement* le plus ou moins de vitesse que l'on donne aux temps de la mesure. Les différents mouvements sont indiqués, en tête des morceaux de musique par des mots italiens qui sont:

| | |
|---|---|
| *Largo* | Largement. |
| *Lento* | Lentement. |
| *Sostenuto* | Soutenu. |
| *Larghetto* | Un peu moins large. |
| *Adagio* | Lentement. |
| *Maestoso* | Majestueusement. |
| *Cantabile* | Chantant. |
| *Andante* | Avec abandon. |
| *Andantino* | Moins lent qu'andante. |
| *Moderato* | Modéré. |
| *Grazioso* | Gracieux. |
| *Allegretto* | Léger, presque gai. |
| *Allegro* | Gai. |
| *Gusto* | Avec goût. |
| *Comodo* | Sans presser. |
| *Brillante* | Brillant. |
| *Mosso* | Ému, animé. |
| *Tempo di marcia* | Mouvement de marche. |
| *Agitato* | Agité. |
| *Vivace* | Vivement. |
| *Presto* | Très vite. |
| *Prestissimo* | Extrêmement vite. |

## DES NUANCES.

Nuancer la musique c'est donner plus ou moins de force aux sons et aux phrases, les nuances sont indiquées par des mots italiens qui sont:

| | |
|---|---|
| *Piano* ou ***p*** | Doux. |
| *Pianissimo* ou ***pp*** | Très doux. |
| *Dolce* ou *dol:* | Avec douceur. |
| *Dolcissimo* | Avec beaucoup de douceur. |
| *Forte* ou ***f*** | Fort. |
| *Fortissimo* ou ***ff*** | Très fort. |
| *Mezzo forte* ou ***mf*** | A moitié fort. |
| *Rinforzando* ou ***rf*** | En renforçant. |
| *Crescendo* ou *cresc:* ou ＜ | En augmentant la force. |
| *Decrescendo* ou *decresc:* ou ＞ | En diminuant la force. |
| *Diminuendo* ou *dim:* | En diminuant. |
| *Smorzando* | En affaiblissant. |
| *Morendo* | En mourant. |
| *Ritardendo* ou *rit:* | En retardant. |
| *Rallentando* ou *rall:* | En ralentissant. |
| *Leggiero* ou *legg:* | Légèrement. |
| *Staccato* ou *stacc:* | Sec, détaché. |
| *Legato* | Lié. |
| *A tempo* | Au premier mouvement. |
| *Expressivo* ou *con espr:* | Avec expression. |
| *Con sentimento* | Avec sentiment. |
| *Con grazia* | Avec grâce. |
| *Animato* | Animé. |
| *Col canto* | Avec le chant. |
| *Segui* ou *sempre* | Suivez de même. |
| *A piacere* | A volonté. |

## DES ABRÉVIATIONS.

Les reprises sont des parties d'un morceau de musique marquées par deux traits verticaux sur la largeur de la portée. Lorsque les traits de la reprise sont accompagnés de deux points on redit deux fois ce qui est compris dans la reprise.

Après avoir recommencé cette reprise, on doit substituer la mesure marquée 2e Fois à celle marquée 1re Fois.

Mesures de silence à compter.

| 2 | 3 | 4 | 5 | 6 | 7 | 8 | 9 | On place le nombre en dessus. |
|---|---|---|---|---|---|---|---|---|
| 2 mesures. | 3 mesures. | 4 mesures. | 5 mesures. | 6 mesures. | 7 mesures. | 8 mesures. | 9 mesures. | 10 mesures et audelà. |

*Da Capo* ou *D.C.* retourner au commencement. – 𝄋 *Renvoi*, pour retourner au même signe. – *Coda*, queue pour finir. *Al Coda* à la fin. – *Fine* fin du morceau. – 𝄐 *Point d'orgue*. 𝄐 *temps d'arrêt*. Dans l'un et l'autre cas la mesure est arrêtée pour prolonger le son ou le silence.

# DES NOTES DE GOÛT.

## DE LA PETITE NOTE.

La petite note que l'on nomme *appoggiature* prend la moitié de la note devant laquelle elle est placée.

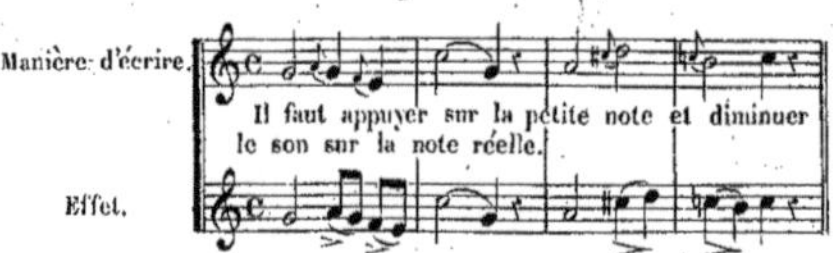


Lorsque la queue de la petite note est traversée d'une barre, on la fait aussi brève que possible.

La double appoggiature s'exécute en passant rapidement les petites notes de manière à frapper la mesure sur la note réelle.

Lorsque les deux petites notes sont entre deux notes coulées on les fait sur le dernier quart de la note qui les précède.

## DU CIRCOLO-MEZZO ou GRUPETTO de 1re ESPÈCE.

On nomme *Grupetto* quatre petites notes très souvent sous entendues et remplacées alors par le signe ∾. Elles prennent leur valeur, sur la seconde moitié de la note qui les précède, et sur le second tiers quand c'est une note pointée, quand le signe est accompagné d'un dièse ou d'un bécarre il indique que la note la plus basse du grupetto doit être haussée d'un demi-ton.

## DU GRUPETTO de 2me ESPÈCE.

Le grupetto de 2me espèce se forme de trois notes liées à la note qui suit on le passe très vivement de manière à ne prendre pour ainsi dire aucune valeur sur la mesure. Les petites notes sont souvent remplacées par ∾ placé sur la note réelle.

## DU TRILLE OU CADENCE.

Le *Trille*, que l'on indique par *tr*, se fait par le battement de la note supérieure à la note sur laquelle il est placé, et pendant toute sa durée. On le prépare et on le termine de quatre manières:

## DU POINT D'ORGUE AD LIBITUM.

Quand après un point d'orgue on trouve des petites notes, ou notes d'agrément, on les fait à volonté quant au goût et au mouvement. On peut même y ajouter un passage d'inspiration, pourvu qu'il soit dans le caractère du morceau.

## DU PRÉLUDE.

On nomme *Prélude* les quelques phrases que l'exécutant improvise avant de commencer un morceau. Les préludes ont pour but, d'essayer si l'instrument fonctionne bien, et de se faire un peu à l'embouchure; ils servent également à préparer l'oreille au ton du morceau c'est pour cela qu'ils doivent être formés principalement de fragments pris sur la gamme et l'accord parfait du ton dans lequel on va jouer.

## DE L'EXPRESSION.

Animer la musique du sentiment qui lui est propre, rendre saillantes toutes les beautés qu'elle renferme, c'est en cela que consiste l'*expression*. Sans doute l'expression est aussi bien que possible indiquée par des signes; mais il est bien des nuances qui échappent à la puissance des signes et qui dès lors, dans les soli, sont abandonnées au talent et au goût de l'exécutant. Dans la musique d'ensemble on doit simplement se borner à rendre le mieux possible les nuances indiquées par l'auteur. Il est utile cependant de savoir distinguer les genres de musique *large, grande, tendre, triste*, de la musique *majestueuse, gaie, vive, animée*.

RÈGLES GÉNÉRALES. Dans les mouvements lents les sons doivent être pris avec souplesse, et soutenus comme pour les unir entre eux. Dans les mouvements majestueux les sons doivent être attaqués plus franchement de manière à les bien accentuer. Dans les mouvements vifs les sons doivent être pris avec une grande légèreté, pour les détacher les uns des autres.

# DE LA GAMME NATURELLE.

La gamme d'Ut, ou gamme naturelle, est formée de *cinq tons* et de *deux demi-tons*. Les demi tons sont: du 3me au 4me degré, et du 7me au 8me c'est à dire de Mi à Fa et de Si à Do.

GAMME NATURELLE D'UT MAJEUR.

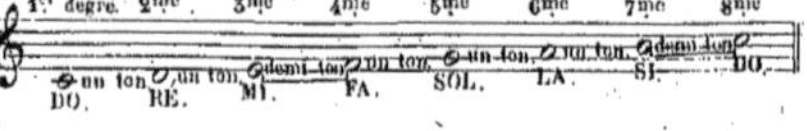

## DES SIGNES ACCIDENTELS.

Souvent l'ordre des tons et des demi-tons est dérangé par des accidents qui sont: le *Dièse*, le *Bémol*, le *Double-Dièse*, le *Double-Bémol*. Le *Dièse* (♯) placé devant une note élève le son d'un demi-ton. Le *Bémol* (♭) placé devant une note baisse le son d'un demi-ton. Le *Bécarre* (♮) placé devant une note la remet dans son ton naturel en détruisant l'effet du dièse ou du bémol. Le *Double-Dièse* (♯ ou x) hausse d'un demi-ton une note déjà diésée. Le *Double-Bémol* (♭♭) baisse d'un demi-ton une note déjà bémolisée

## DES INTERVALLES.

L'*intervalle* est la distance qui sépare deux notes de la gamme. On donne aux intervalles les noms de *Seconde*, *Tierce*, *Quarte*, *Quinte*, *Sixte*, *Septième*, *Octave*, *Neuvième*, *Dixième*, etc: selon le rang qu'occupe la seconde note par rapport à la première. En harmonie la tierce de la tonique se nomme *médiante* la quinte *dominante*, et la septième *sensible*; la seconde *sous médiante*, la quarte *sous dominante*, et la sixte *sous sensible*.

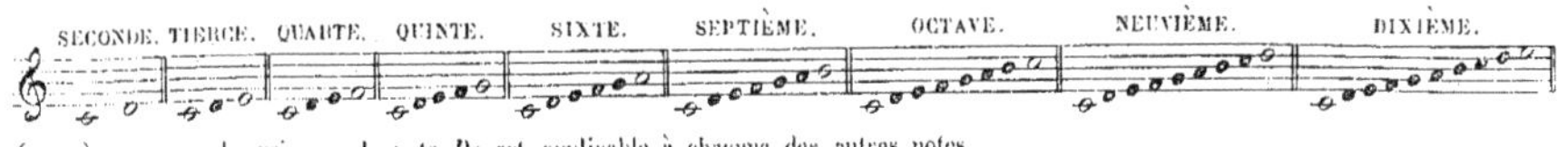


(NOTA) Cet exemple pris sur la note *Do* est applicable à chacune des autres notes.

L'intervalle ne change point de nom, lorsqu'on met un dièse, un bémol, ou un bécarre devant les notes qui le forment. Cependant on ajoute les qualifications de *majeure*, ou de *mineure*, d'*augmentée* ou de *diminuée*.

| SECONDE mineure. | SECONDE majeure. | SECONDE augmentée. | TIERCE diminuée. | TIERCE mineure. | TIERCE majeure. | TIERCE augmentée. | QUARTE diminuée. | QUARTE juste. | QUARTE augmentée. |
|---|---|---|---|---|---|---|---|---|---|
| un demi-ton. | un ton. | un ton et un demi-ton. | deux demi-tons. | un ton et un demi-ton. | deux tons. | deux tons et un demi-ton. | un ton et deux demi-tons. | deux tons et un demi-ton. | trois tons. |

| QUINTE diminuée. | QUINTE juste. | QUINTE augmentée. | SIXTE diminuée. | SIXTE mineure. | SIXTE majeure. | SIXTE augmentée. | SEPTIÈME diminuée. | SEPTIÈME mineure. | SEPTIÈME majeure. |
|---|---|---|---|---|---|---|---|---|---|
| deux tons et deux demi-tons. | trois tons et un demi-ton. | trois tons et deux demi-tons. | deux tons et trois demi-tons. | trois tons et deux demi-tons. | quatre tons et un demi-ton. | quatre tons et deux demi-tons. | trois tons et trois demi-tons. | quatre tons et deux demi-tons. | cinq tons et un demi-ton. |

(NOTA) Cet exemple est applicable sur n'importe quelle note.

## DES GAMMES DIATONIQUES ET DES DIFFÉRENTS TONS.

Une gamme *diatonique*, est la suite naturelle des notes qui, partant de l'une quelconque d'entre elles, se termine par l'octave, et dans laquelle les demi-tons sont placés du 3^me^ au 4^me^ degré, et du 7^me^ au 8^me^, comme dans la gamme d'*Ut*.

On conserve dans les différentes gammes la place invariable des demi-tons à l'aide des dièses ou des bémols. On nomme *Tonique* la première note d'une gamme, parcequ'elle détermine cette gamme, qui constitue ce qu'on appelle le *ton* dans lequel un morceau de musique est écrit. On désigne le ton d'un morceau de musique par les dièses ou les bémols, placés immédiatement après la clé.

Les dièses ou les bémols qu'exige chaque ton sont ceux qui, dans la gamme du ton, deviennent nécessaires pour conserver la place invariable des demi-tons. L'ordre invariable dans lequel on observe les dièses placés à la clé est *Fa*, *Do*, *Sol*, *Ré*, *La*, *Mi*, *Si*: L'ordre invariable des bémols placés à la clé est *Si*, *Mi*, *La*, *Ré*, *Sol*, *Do*, *Fa*. Le *ton majeur* d'un morceau de musique est déterminé par la note de la gamme placée au dessus du dernier dièse écrit à la clé. Quand ce sont des bémols l'avant dernier bémol lui même est la tonique et quand il n'y a qu'un bémol on est en *Fa*.

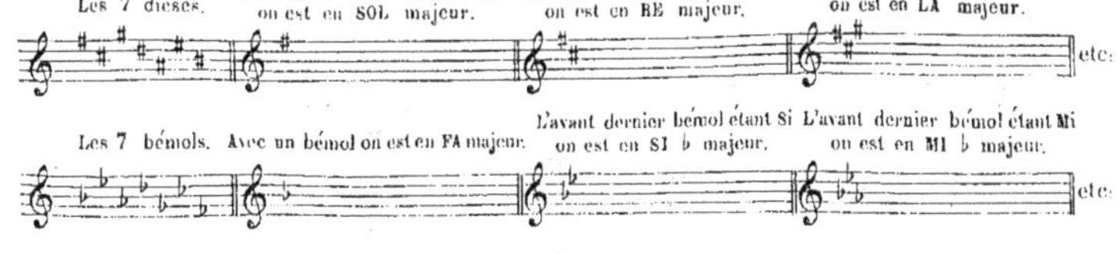

## DES MODES.

On appelle *modes* deux caractères de musique bien distincts qui tirent leur origine de deux gammes différentes par la place qu'occupe le premier demi-ton. _ L'un de ces modes s'appelle *majeur* et l'autre *mineur*.

Dans le mode *majeur* le premier demi-ton de la gamme est placé de la 3me à la 4me note, ce qui donne une tierce majeure; tandis que dans le mode *mineur* il est placé de la 2me à la 3me, ce qui donne une tierce mineure. _ Chaque ton majeur correspond à un ton mineur, toujours placé une tierce au dessous du majeur, et ces deux tons, qui comportent le même nombre d'accidents à la clé sont appelés tons relatifs.

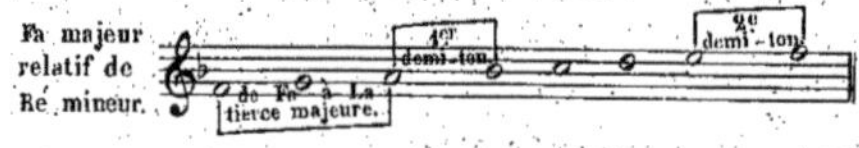


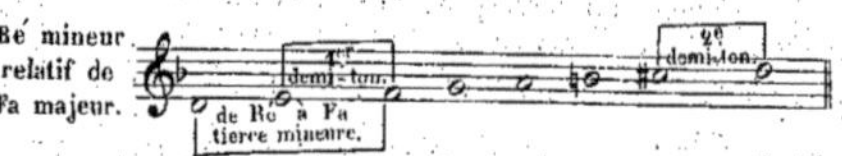


Dans le mode majeur la 7me note de la gamme, ou note sensible, est naturellement distante d'un demi-ton de la tonique, tandis que dans le mode mineur on est obligé de l'altérer par un dièse, ou quelquefois, un bécarre, afin d'obtenir le demi-ton qui est indispensable à toute gamme ascendante. souvent même la sixième note est élevée d'un demi-ton pour éviter la dureté d'un ton et demi de la 6me à la 7me note.

Les moyens employés pour reconnaître si un morceau de musique est majeur ou mineur sont: 1° de distinguer, si le premier accord a la tierce majeure ou mineure. 2° si la 7me note du ton mineur est accidentée pour servir de sensible. 3° de voir la dernière note du morceau, qui presque toujours est la tonique.

Ces règles ne sont pas sans exceptions. Aussi ne peuvent elles servir que de moyens aidant l'oreille, qui doit être le meilleur guide à cet égard. Au moyen de l'oreille on distinguera le majeur du mineur, parceque le majeur est vif, gai, majestueux, tandis que le mineur est triste, sombre, mélancolique.

## DE LA GAMME CHROMATIQUE.

La *gamme chromatique* monte ou descend par demi-tons.

# DES INSTRUMENTS À PISTONS.

Les instruments à Pistons ou à Cylindres ont également la puissance ou la douceur, la rapidité d'exécution, l'égalité la justesse des sons; aussi peuvent-ils rendre tous les genres de musique, même les plus difficiles.

## DES PISTONS.

Les Pistons ont pour but de baisser les notes naturelles de l'instrument de manière a obtenir toutes les notes par demi-tons depuis le son le plus aigu jusqu'au plus grave. (★)

Les basses ont un 4me cylindre qui sert à obtenir les notes graves. (Voyez la tablature Page 7)

(★) NOTA Les pistons, pour bien fonctionner, ont besoin d'être entretenus très proprement; il faut les essuyer souvent et les mouiller avec de la salive avant de les remettre en place. Tout corps gras étant contraire à la rapidité des pistons, il faut éviter d'employer de l'huile.

## DES TONS DE RECHANGE.

Les *Cornets*, les *Trompettes* à cylindres et les *Cors* sont les seuls instruments qui se servent parfois de *tons de rechange*. Ces tons, que l'on ajoute à l'instrument, ont pour but d'en changer la tonalité, ce qui rend, plus facile l'exécution de certains passages qui nécessiteraient un trop grand nombre de dièses ou de bémols à la clé.

## DES COULISSES.

La coulisse qui correspond aux *sons ouverts* sert à mettre l'instrument d'accord quand on fait de la musique d'ensemble. Les autres, qui correspondent chacune à un piston, servent à conserver les rapports de justesse entre les pistons et les sons ouverts quand on baisse ces derniers soit par la coulisse d'accord, soit par un ton de rechange.(*) NOTA.

# TABLATURES OU DOIGTÉ DES NOTES.

Dans ces tablatures nous avons donné le doigté qui nous a semblé le meilleur sous le rapport de la justesse. Nous indiquerons plus tard les exceptions qui ont pour but de faciliter l'exécution de certains passages.

(NOTA.) Le piston 1 est le plus près de l'embouchure, 2 est au milieu, etc. Le zéro indique les sons sans piston.

## DE LA TABLATURE DU CORNET ET DES SAXHORNS.

(*) Sol ♭ et Fa ♯ se font du même doigté parce que entre ces deux notes, quand elles sont naturelles, il y a l'intervalle d'un ton, et qu'en baissant le sol d'un demi-ton par un bémol, et en haussant le Fa d'un demi-ton par un dièse, on arrive au même son c'est ce qu'on nomme *genre enharmonique*. Il en est de même pour les autres notes.

## TABLATURE POUR LES BASSES ET CONTRE BASSES À LA CLÉ DE FA.

## DE L'EMPLOI DU 4^me PISTON.

Le 4^me piston ne s'emploie que pour obtenir les sons graves, c'est à dire qu'en partant de Sol, 1^re ligne, en prenant le doigté ordinaire et en y joignant le 4^me piston, on descend encore une octave.

## TABLATURE DE LA TROMPETTE À CYLINDRES ET DU COR À PISTONS.

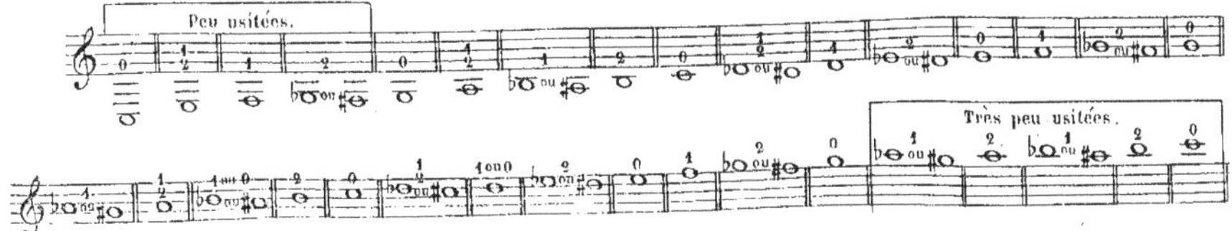


(NOTA) Les instruments en cuivre ont l'inconvénient de transformer en liquide la vapeur qu'on y introduit en jouant. Bientôt ce liquide s'accumule et devient nuisible à la pureté des sons. On évite cet inconvénient en ayant soin d'ôter les coulisses pour les égoutter et en soufflant dans l'instrument pour en faire sortir l'eau. Pour que les coulisses puissent se tirer facilement, il est utile de les graisser avec du suif ou de l'huile (le suif est préférable.)

## TABLATURE DU TROMBONE À COULISSE.

Le trombone a 7 positions qui commencent par la coulisse fermée et qui descendent, en tirant la coulisse par demi-tons.

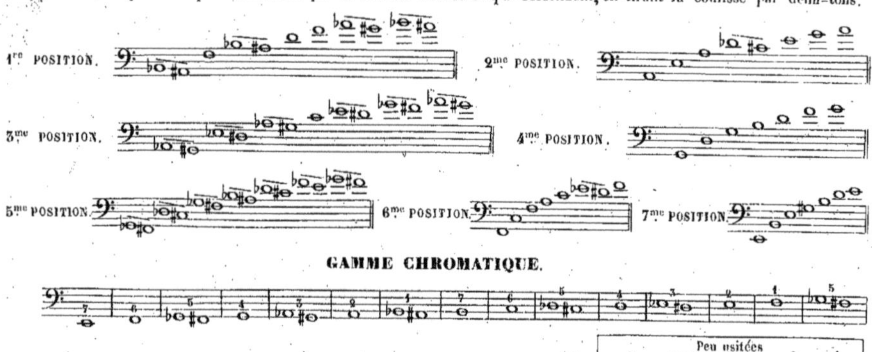


Les basses en *Ut* et les trombonnes à *coulisse* pourront jouer avec les instruments en *Mi* ♭ mais ils seront obligés, 1°. de substituer la clé de *Fa* à la clé de *Sol* 2°. de changer la tonalité, en la mettant une tierce mineure au dessus; 3°. de lire parfois une octave plus haut que les notes écrites.

*EXEMPLES.*

## TENUE DES INSTRUMENTS À PISTONS.

L'instrument doit être tenu solidement par la main gauche; afin de laisser les doigts de la main droite bien libres dans leurs mouvements. Les doigts doivent *toucher* les pistons par le milieu de la 1re. phalange et les appuyer avec souplesse de manière à ce qu'ils descendent dans leur propre direction.

## DE L'EMBOUCHURE ET DU SON (NOTA)

L'embouchure doit être posée sur le milieu de la bouche elle doit porter sur la naissance du rose de la lèvre inférieure et prendre le plus possible de la lèvre supérieure; qui est naturellement plus faible.

Pour produire le *son* il faut retirer les lèvres à soi de manière à les rendre dures, *éviter de gonfler les joues*, ne pas souffler fort, ne pas donner de coup de gosier, et n'appuyer que faiblement l'embouchure sur les lèvres et à mesure qu'on veut atteindre des sons plus élevés. Ne pas faire échapper d'air sur les côtés de la bouche, ce qu'on évite en ne faisant pas de la bouche un réservoir à air. Il ne faut pas perdre de vue que le *son* est produit par le *coup de langue* qui met *les lèvres en vibration*, et non par le *souffle*.

## DE LA RESPIRATION.

Respirer à propos est un des points les plus importants; il présente de grandes difficultés aux commençants parcequ'ils ne peuvent pas encore bien distinguer les différents membres d'une phrase musicale après lesquels il est permis de prendre la respiration.

RÈGLES GÉNÉRALES Il ne faut pas respirer entre des notes liées, ni avant la terminaison d'un trait ou d'un fragment de gamme, ni avant la terminaison d'un accord parfait, ni avant la dernière note d'un morceau ou d'une reprise.

On respire plutôt; pendant les silences, après la note sur laquelle se termine un trait, après la dernière des notes liées, après la dernière note d'une reprise.

Les barres de mesure n'ont aucun rapport avec la respiration il est rare au contraire que la phrase musicale ne contienne pas plusieurs mesures, et qu'elle ne se termine pas plutôt après le premier ou le second temps.

Pour habituer l'élève a bien prendre la respiration nous avons eu soin dans les 1ers. exercices et les premières récréations de marquer par ce signe **,** l'endroit où il est possible de respirer.

(NOTA) Il est souvent difficile de trouver une *embouchure* qui convienne parfaitement. Ce n'est qu'avec le temps et l'observation qu'un exécutant peut arriver à rencontrer celle qui doit le mieux aller à ses lèvres. Pour commencer nous conseillons de prendre une embouchure de moyenne grandeur, le bord un peu large et l'intérieur en forme de cône. La grandeur du *grain* doit être en rapport avec les lèvres et aussi avec la partie qu'on exécute. Si on joue les 1res parties et qu'on ait les lèvres faibles un grain petit donnera de la facilité pour atteindre les sons aigus. Un grain un peu gros aide aux sons graves. Mais les personnes douées de bonnes lèvres doivent choisir, pour avoir un joli son, un grain de moyenne grandeur.

Le grain est le trou rond qu'on voit à l'intérieur, de l'embouchure quand on la tient à une certaine distance de l'œil et qu'on regarde comme dans une lorgnette. Le grain doit avoir une rondeur parfaite.

# EXERCICES DU COUP DE LANGUE.

Ces exercices, qu'on fait jouer de mémoire et *sans battre la mesure,* doivent être travaillés *séparement par chaque élève,* il est indispensable, *avant d'apprendre le doigté* qu'on se soit formé *un bon coup de langue* et *une bonne embouchure* sur *les sons ouverts.*

Avancez la langue entre les lèvres. Prononcez la syllabe TU, comme pour chasser un brin de fil que vous auriez sur le bout de la langue. Il faut que chaque son soit pris tres nettement au départ, comme par le coup de *marteau* d'une note de piano.

Attaquez le son vivement que le point de départ soit très net, Prolongez le son en ne laissant aller que très peu d'air dans l'embouchure et en diminuant de force peu à peu.

(NOTA) Les élèves qui ne pourront pas parvenir à faire facilement le Sol du haut laisseront les exercices suivants pour reprendre aux exercices préparatoires au doigté.

## AIRS DE CLAIRONS.

Ces airs, qu'il faut jouer de *mémoire*, sont très aptes à former un bon *coup de langue* et une bonne *embouchure*.

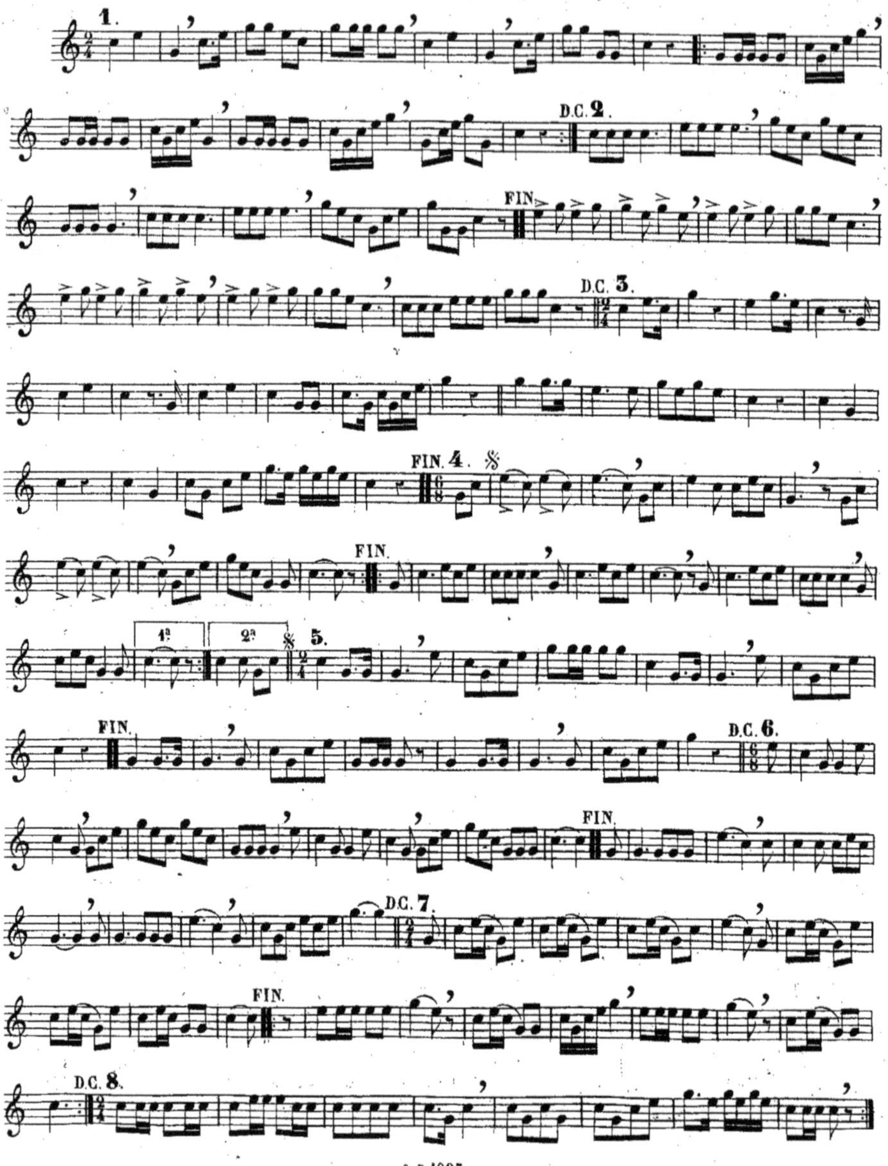

# EXERCICES PRÉPARATOIRES.

Faites jouer ces exercices à chaque élève séparément et sans battre la mesure.

## DU DOIGTÉ.

## DE L'ARTICULATION.

On nomme *articulation* la manière de détacher les notes ou de les lier entre-elles.

*Détacher* c'est donner à chaque note un coup de langue pour la séparer de celle qui la précède ou de celle qui la suit.

*Couler* c'est faire glisser les notes les unes sur les autres en donnant seulement un coup de langue sur la première, et en prolongeant le souffle sur celles qui sont réunies par une même liaison.

### EXERCICES.

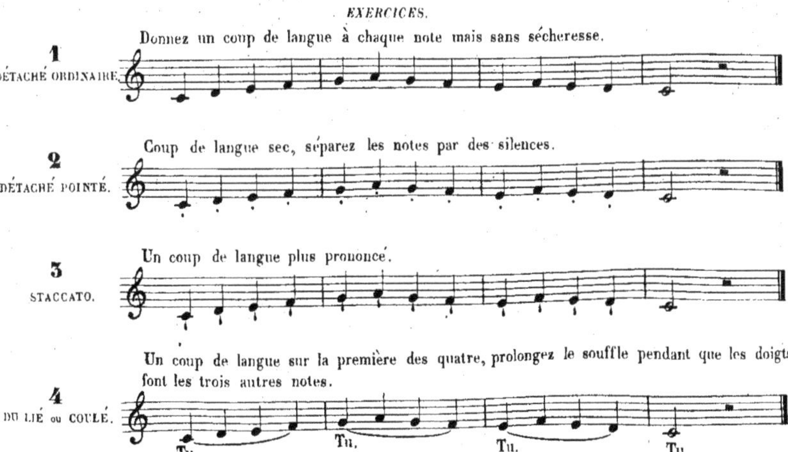

# EXERCICES SUR LES INTERVALLES

## et sur l'agilité des doigts.

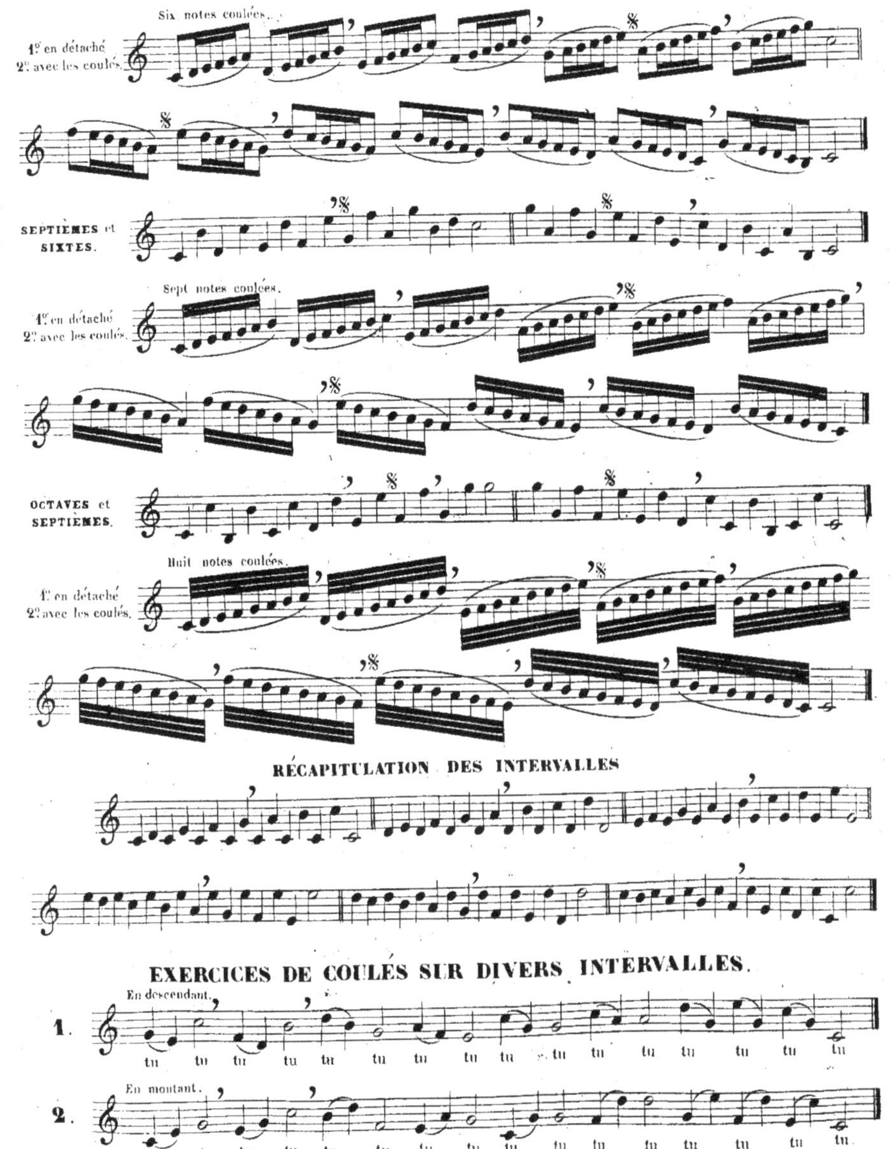
Six notes coulées.
1º en détaché
2º avec les coulés.
SEPTIÈMES et SIXTES.
Sept notes coulées.
1º en détaché
2º avec les coulés.
OCTAVES et SEPTIÈMES.
Huit notes coulées.
1º en détaché
2º avec les coulés.
RÉCAPITULATION DES INTERVALLES
EXERCICES DE COULÉS SUR DIVERS INTERVALLES.
1.
En descendant.
tu tu tu tu tu tu tu tu tu tu tu tu tu tu tu tu
2.
En montant.
tu tu tu tu tu tu tu tu tu tu tu tu tu tu tu tu tu

# GAMMES MAJEURES ET GAMMES MINEURES

## dans les tons les plus usités.

## GAMMES CHROMATIQUES.

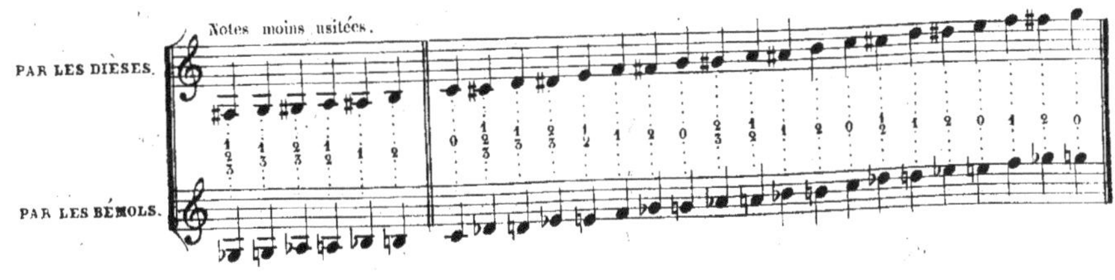


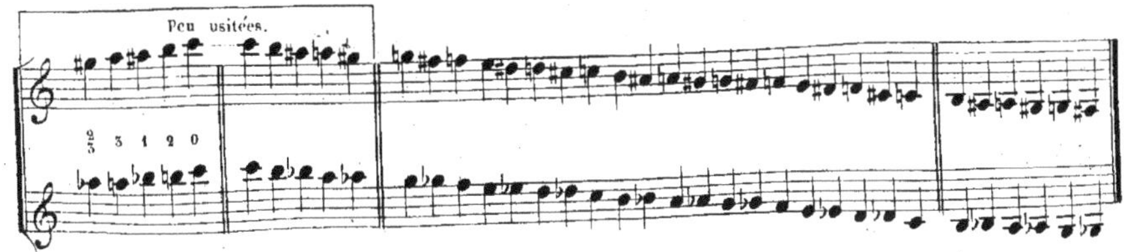

# LEÇONS DE SOLFÈGE ET D'ENSEMBLE

## MESURE À QUATRE TEMPS.

La mesure à 4 temps indiquée par C se forme d'une ronde ou de sa valeur; on la bat

OBSERVATION. Quand il y aura des doubles notes, les élèves qui montent facilement joueront les notes du haut, les autres élèves joueront les notes d'en bas.

Battez la mesure. _ Restez quatre temps, c'est à dire une mesure entière, sur chaque ronde.

## THÊME VARIÉ.

### pour différentes combinaisons de valeurs.

Dans les thêmes variés, il est utile, avant de jouer chaque variation de la solfier en nommant les notes et en battant la mesure.

# LEÇONS DE SOLFÈGE ET D'ENSEMBLE.

## MESURE À QUATRE TEMPS.

La mesure à 4 temps indiquée par C, se forme d'une ronde ou de sa valeur; on la bat 2 ← ↑4 → 3 ↓1

OBSERVATION. Quand il y aura des doubles notes, les élèves qui montent facilement jouront les notes du haut, les autres élèves jouront les notes du bas.

Battez la mesure.– Restez quatre temps, c'est à dire une mesure entière, sur chaque ronde.

## THÊME VARIÉ.

### pour différentes combinaisons de valeurs.

Dans les thêmes variés, il est utile, avant de jouer chaque variation de la solfier en nommant les notes et en battant la mesure.

## 1re RÉCRÉATION.

Dans les récréations observez la mesure, le mouvement, les nuances, l'articulation, les reprises et les renvois.

AU CLAIR DE LA LUNE.

## 2me RÉCRÉATION.

à deux parties ad libitum.

POURQUOI ME FUIR PASSAGÈRE HIRONDELLE.

## 3me RÉCRÉATION.

à trois parties ad lib:

VOUS L'ORDONNEZ.

# 1re RÉCRÉATION.

Dans les récréations observez la mesure, le mouvement, les nuances, l'articulation, les reprises et les renvois.

# 2me RÉCRÉATION.

à deux parties ad libitum.

# 3me RÉCRÉATION.

à trois parties ad lib:

## MESURE À TROIS TEMPS.

La mesure *à 3 temps* indiquée par un 3, ou $\frac{3}{4}$, se forme d'une blanche pointée, ou de sa valeur. On la bat.

Battez la mesure. – Restez trois temps, c'est à dire une mesure entière, sur chaque blanche pointée. – Observez que le 2me temps se fait à droite.

## THÊME VARIÉ

### sur différentes combinaisons de blanches et de noires.

### 4me RÉCRÉATION.

## MESURE À TROIS TEMPS.

La mesure *à 3 temps* indiquée par un 3 ou $\frac{3}{4}$, se forme d'une blanche pointée, ou de sa valeur. On la bat:

Battez la mesure. _ Restez trois temps, c'est à dire une mesure entière, sur chaque blanche pointée. _ Observez que le 2me temps se fait à droite.

## THÈME VARIÉ.

### sur différentes combinaisons de blanches et de noires.

## 4me RÉCRÉATION.

## 5.me RÉCRÉATION.

à deux parties ad lib:

Observez les reprises et le Da Capo _ Puis quand on revient au commencement on ne dit plus qu'une fois la reprise.

## 6.me RÉCRÉATION.

à trois parties ad lib:

## MESURE À DEUX TEMPS.

La mesure *à 2 temps*, indiquée par ₵ ou 2, se forme de la valeur d'une ronde, on prend une blanche ou deux noires pour chaque temps on la bat: ↓ 1-2 ↑ 3-4

(★NOTA) Pour battre cette mesure d'une manière régulière, il faut décomposer en noires, et compter, 1-2 pour le 1.er temps, 3-4 pour le 2.me
Faites redire, en mesure à deux temps, le Thème varié page 16.

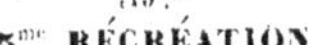

## 5me RÉCRÉATION.

### à deux parties ad lib:

Observez les reprises et le Da Capo_Puis quand, on revient au commencement on ne dit plus qu'une fois la reprise.

## 6me RÉCRÉATION.

### à trois parties ad lib:

8

cresc: dim: p

## MESURE À DEUX TEMPS.

La mesure à 2 *temps*, indiquée par ₵ ou 2, se forme de la valeur d'une ronde, on prend une blanche ou deux noires pour chaque temps, on la bat: ↓ ↑ (1-2, 3-4)

(★ NOTA) Pour battre cette mesure d'une manière régulière, il faut décomposer en noires, et compter, 1-2 pour le 1er temps, 3-4 pour le 2me
Faites redire, en mesure à deux temps, le Thème varié page 16bis

7.me RÉCRÉATION
Allegro.
8a ad libitum.
1.re fois.
2.e fois.
LE PREMIER PAS.
dolce.
cresc.
p
dim.
8.me RÉCRÉATION.
à deux parties ad lib.
Allegretto.
VAUDEVILLE DU MONT PARNASSE.
f
FIN.
9.me RÉCRÉATION.
à trois parties ad lib.
Cet air commence en levant.
Allegro.
LA BONNE AVENTURE.
f
p
rall.
a tempo.

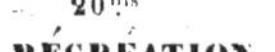

## 7me RÉCRÉATION.

LE PREMIER PAS.

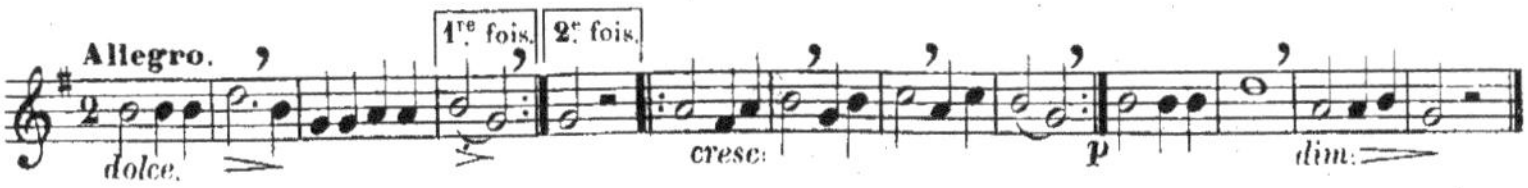

Allegro.
1re fois.
2e fois.
dolce.
cresc:
p
dim:

## 8me RÉCRÉATION.

à deux parties ad lib:

VAUDEVILLE DU MONT PARNASSE

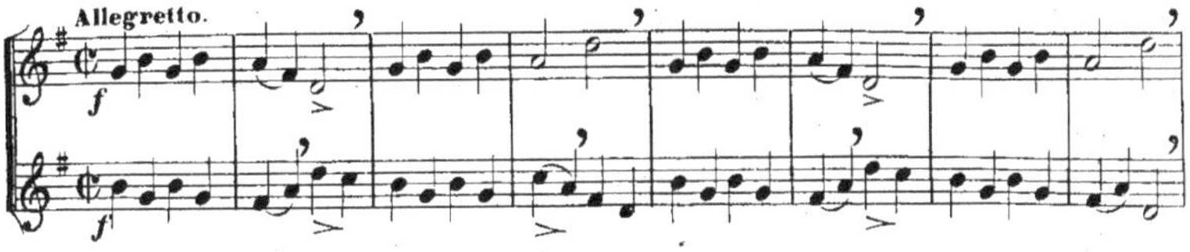

Allegretto.
f
f

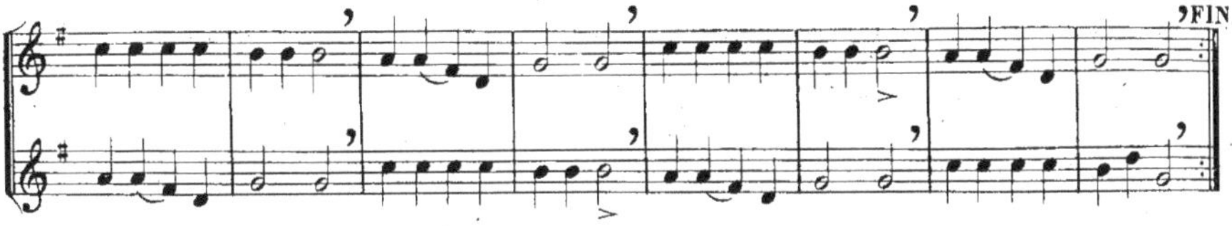

FIN.

## 9me RÉCRÉATION.

à trois parties ad lib:

Cet air commence en levant.

LA BONNE AVENTURE.

Allegro.
f
p
f
p

rall:
a tempo.
f
p

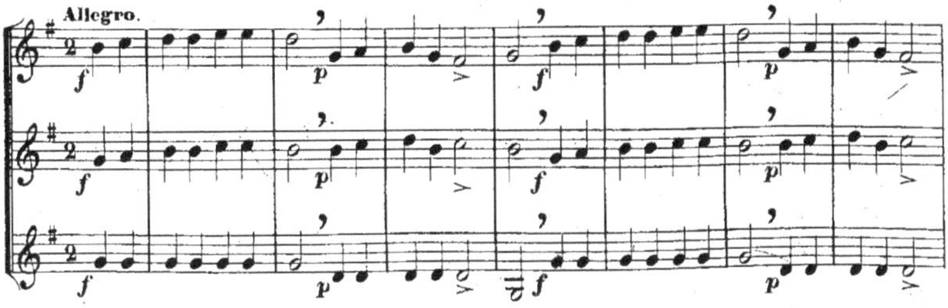

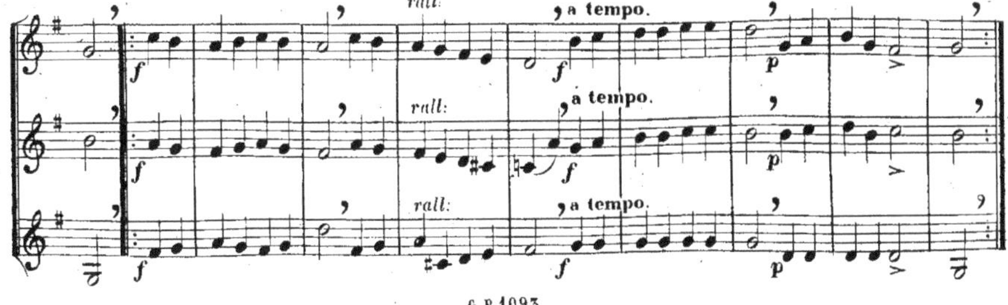

# MESURE A DEUX QUATRE.

La mesure indiquée par $\frac{2}{4}$ se forme de la valeur d'une blanche, chaque temps vaut une noire ou 2 croches, on la bat

Gamme en FA un bémol à la clef.

## THÈME VARIÉ.

Sur des combinaisons de blanches, de noires et de croches.

THÈME — Une blanche vaut les deux temps de la mesure.

1^{re} VAR: — Une noire chaque temps.

2^{me} VAR: — Une noire ou deux croches pour un temps.

3^{me} VAR: — 4 croches, deux chaque temps.

4^{me} VAR: — La noire pointée vaut un temps et demi.

5^{me} VAR: — Syncopes.

6^{me} VAR: — Une croche et un demi soupir pour un temps. Contre temps

7^{me} VAR: — Une croche puis des silences. Autre contre temps.

8^{me} VAR: — Récapitulation.

## 10^{me} RÉCRÉATION.

à 2 parties ad lib:

Allegro.

QUAND NOUS PORTONS AU PATRON DE NOT' VILLAGE.

*mf* *mf* FIN. *f* D.C.

# MESURE A DEUX QUATRE.

La mesure indiquée par $\frac{2}{4}$ se forme de la valeur d'une blanche, chaque temps vaut une noire, ou 2 croches; on la bat

Recapitulation.

8me VAR:

## 10me RÉCRÉATION.

à 2 parties ad lib:

## 11.me RÉCRÉATION.

à 3 parties ad lib:

## 12.me RÉCRÉATION.

à 3 parties ad lib:

## 11.me RÉCRÉATION.

à 3 parties ad lib:

Allegro.

TRA, LA, LA.

## 12.me RÉCRÉATION.

à 3 parties ad lib:

Observez les reprises avec les 1.res et 2.des fois.

Allegretto Mouv.t de Polka.

Par GUICHARD.

# THÈME VARIÉ.

## Des croches dans la mesure à 4 temps ou à 2 temps

Après avoir joué ces Variations à 4 temps, il faudra les redire à 2 temps. Dans la mesure à 4, on prend 2 croches pour un temps dans la mesure à 2 on en prend quatre.

(NOTA) redites ces variations en battant la mesure à deux temps.

# THÈME VARIÉ

## Des croches dans la mesure à 4 temps ou à 2 temps

Après avoir joué ces Variations à 4 temps, il faudra les redire à 2 temps. Dans la mesure à 4, on prend 2 croches pour un temps dans la mesure à 2 on en prend quatre.

## 13.me RÉCRÉATION.

à 2 parties ad lib:

13me RÉCRÉATION.
à 2 parties ad lib:
All.o non tanto.
FIN.
AIR de VAUDEVILLE.
p
dol.
cres.
LA MINEUR.
f
14me RECREATION.
à 3 parties ad lib:
And.te con molto espressione.
dolce.
PORTRAIT CHARMANT.
dim.
p cres.

(*) NOTA Dans toutes les récréations à 4 ou à 6 parties pour avoir toutes les parties il faut ou la méthode d'ensemble complète, ou deux petites méthodes, l'une pour un des instruments en en *MI ♭*, nimporte lequel, l'autre pour un des instruments en *SI ♭*.

(*) NOTA Dans toutes les récréations à 4 ou à 6 parties pour avoir toutes les parties il faut, ou la methode d'ensemble complète, ou deux petites méthodes, l'une pour un des instruments en SI ♭, nimporte lequel, l'autre pour un dés instruments en MI ♭.

## 17me RECREATION

à 4 parties ad lib:

## 17me RECREATION.

à 4 parties ad lib:

## Des doubles croches dans la mesure à 4 temps ou à 2 temps

THÈME VARIÉ (suite)

# Des doubles croches dans la mesure à 4 temps, ou à 2 temps

20me RÉCRÉATION.
a 3 parties ad lib:
Allto grazioso.
AIR de la CENERENTOLA ROSSINI.
cres
RÉ MINEUR relatif de FA MAJEUR.
Ton de Ré Mineur.
Mouvt de marche.
21me RÉCRÉATION.
AH! SI MADAME ME VOYAIT!
22me RÉCRÉATION.
Andte moderato. Des doubles croches dans la mesure à 3 temps.
ROSÉE AMÈRE
ÉCHOS D'ALLEMAGNE.
animato.
ritenuto
ritard.
dim.

20me RÉCRÉATION.
All.tto grazioso.
à 3 parties ad lib:
AIR
CENERENTOLA.
ROSSINI.
cres.
Ton de LA Mineur.
LA MINEUR relatif de DO MAJEUR.
Mouvt de marche.
21me RÉCRÉATION.
AH! SI MADAME ME VOYAIT!
22me RÉCRÉATION.
Andte moderato. Des doubles croches dans la mesure à 3 temps.
ROSÉE AMÈRE
ÉCHOS D'ALLEMAGNE.
animato.
ritenuto.
ritard.
dim.

## DES DOUBLES CROCHES DANS LA MESURE A DEUX-QUATRE.

THÈME VARIÉ (suite)

## DES DOUBLES CROCHES DANS LA MESURE A DEUX QUATRE.

THÊME VARIÉ (suite)

Battez la mesure à 4 temps 1 croche chaque temps.
Ton de Sol mineur.
Sol mineur relatif de Si ♭ majeur
Andante
24me RÉCRÉATION.
à 2 parties ad lib:
Andante.
Battez la mesure à 4 temps 1 croche chaque temps.
AIR RUSSE.
dolce.
dim.
8va ad lib.
f
cres.
dim.
p
25me RÉCRÉATION.
à 3 parties ad lib:
Mouvt de Pas Redoublé.
en Si ♭ majeur.
LA DAME
DU LAC.
p
f
ff
D.C.

Battez la mesure à 4 temps une croche chaque temps
Ton de Ré mineur
Ré mineur relatif de Fa majeur.
Andante
24me RÉCRÉATION.
à 2 parties ad lib:
Andante.
Battez la mesure à 4 temps une croche chaque temps
AIR RUSSE.
dolce.
dolce.
f
cres.
dim.
p
cresc.
dim.
p
25me RÉCRÉATION.
à 3 parties ad lib:
Mouvt de Pas Redouble.
en Fa majeur.
FIN
LA DAME
DU LAC.
p
f
ff
D.C.
G. P. 1095.

## 26me. RÉCRÉATION.

à 4 parties ad lib:

## 26me RÉCRÉATION.

à 4 parties ad lib:

AIR de la SÉMIRAMIDE.

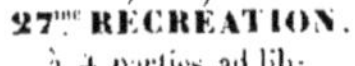

## 27me RÉCRÉATION.

à 4 parties ad lib:

POLKA.
Allegretto.
En Fa majeur
par
GUICHARD.
p
cres
FIN.
f
ff
tr
rf
D.C.

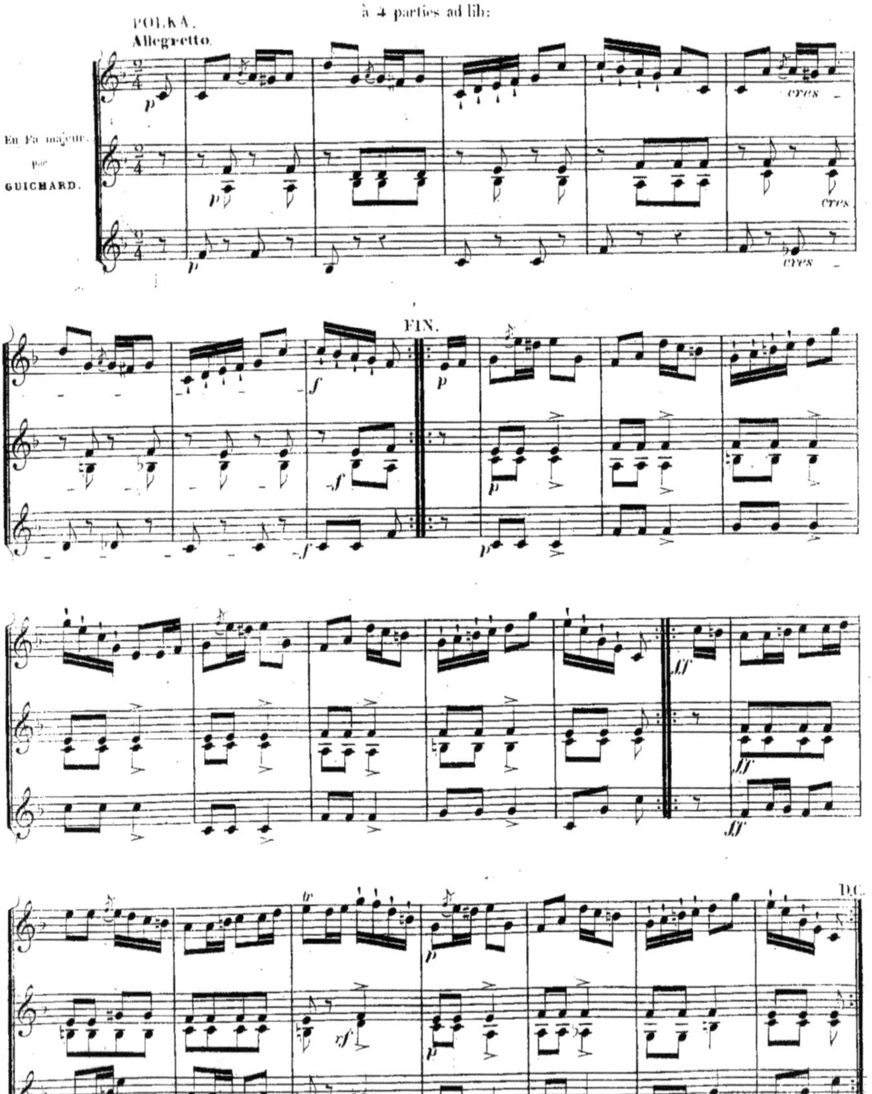

## 27me RÉCRÉATION.

à 4 parties ad lib:

# MESURE À TROIS HUIT.

La mesure marquée $\frac{3}{8}$ se forme de **trois huitième** de la **ronde**, c'est à dire de trois croches par mesure; on la bat à **trois temps**, une croche pour chaque temps.

## THÊME VARIÉ.

Ton de **la mineur**, relatif d'**ut majeur**.

## MESURE A TROIS-HUIT.

La mesure marquée $\frac{3}{8}$, se forme de **trois huitième** de la **ronde**, c'est à dire de trois croches par mesure; on la bat à **trois temps**, une croche pour chaque temps.

## THÊME VARIÉ.

Ton de **mi mineur**, relatif de **sol majeur**.

# MESURE À SIX-HUIT.

La mesure à $\frac{6}{8}$ est la mesure *composée* la plus usitée; elle est formée de six huitièmes de la ronde, c'est à dire de *six croches*; on la bat à deux temps, *trois croches* chaque temps.

Pour bien saisir le Rhythme de la mesure à six-huit, il faut décomposer en croches et toujours compter 1-2-3 pour le 1er temps, 1-2-3 pour le 2me temps.

## THÈME VARIÉ.

## MESURE À SIX-HUIT.

La mesure à $\frac{6}{8}$ est la mesure *composée* la plus usitée; elle est formée de six huitièmes de la ronde, c'est à dire de *six croches*; on la bat à deux temps, *trois croches* chaque temps.

Pour bien saisir le Rhythme de la mesure à six-huit, il faut décomposer en croches et toujours compter 1-2-3 pour le 1er temps, 1-2-3 pour le 2me temps.

## THÈME VARIÉ.

## 32me. RÉCRÉATION.

à 3 parties ad lib:

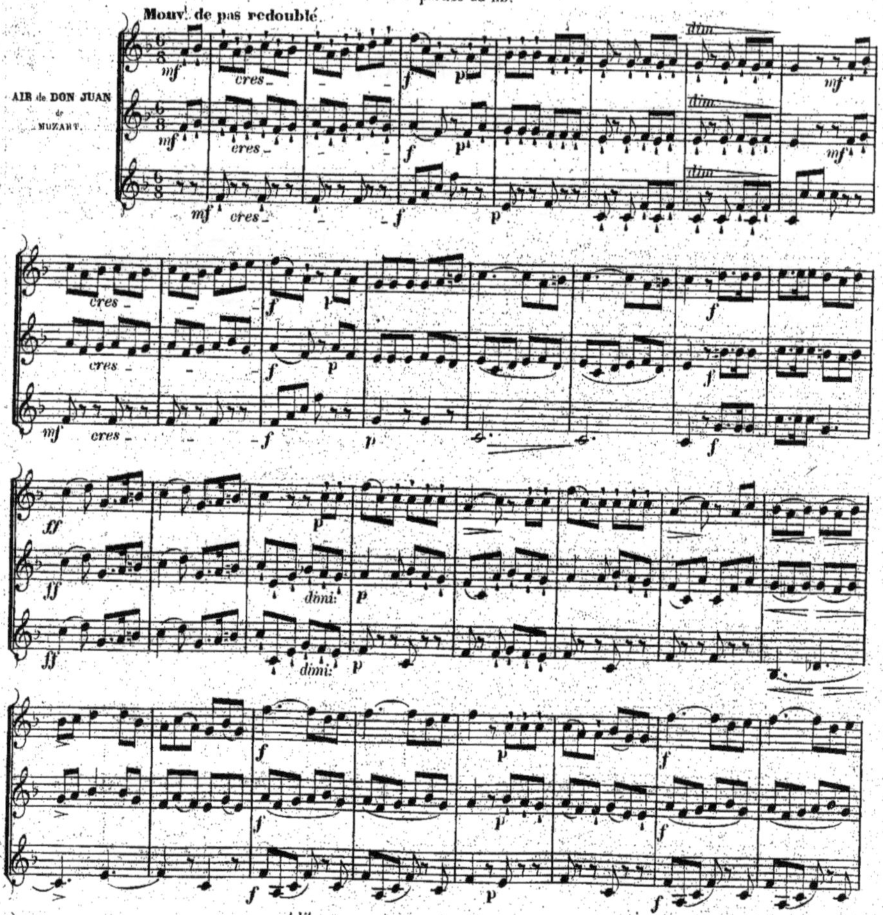

Mouvt. de pas redoublé.

AIR de DON JUAN de MOZART.

## 32me RÉCRÉATION,

à 3 parties ad lib:

# MESURE À NEUF-HUIT.

La mesure marquée $\frac{9}{8}$, est une mesure *composée* qui se forme de neuf huitièmes de la ronde, c'est à dire de neuf croches par mesure; elle se bat à 3 temps, trois croches chaque temps.

Pour avoir une grande exactitude il faut, comme dans la mesure à $\frac{6}{8}$, décomposer en croches et compter 1-2-3 pour chaque temps.

## 33^me^. RÉCRÉATION.

à 3 parties ad lib.

# MESURE À NEUF-HUIT.

La mesure marquée $\frac{9}{8}$, est une mesure *composée* qui se forme de neuf huitièmes de la ronde, c'est à dire de neuf croches par mesure; elle se bat à 3 temps, trois croches chaque temps.

Pour avoir une grande exactitude il faut, comme dans la mesure à $\frac{6}{8}$, décomposer en croches et compter 1-2-3 pour chaque temps.

## 33.me RÉCRÉATION.

à 3 parties ad lib:

# MESURE À DOUZE-HUIT.

La mesure marquée $\frac{12}{8}$ est une mesure *composée* qui se forme de *douze huitièmes* de la Ronde c'est à dire douze Croches par mesure, on la bat à 4 temps, trois Croches chaque temps.

Pour avoir une grande exactitude du mouvement, il faut, comme dans la mesure à $\frac{6}{8}$ et à $\frac{9}{8}$, décomposer en Croches et compter 1-2-3 pour chaque temps.

## 34me RÉCRÉATION
à 4 parties ad lib:

## MESURE À DOUZE-HUIT

La mesure marquée $\frac{12}{8}$ est une mesure *composée* qui se forme de *douze huitièmes* de la Ronde c'est à dire douze Croches par mesure, on la bat à 4 temps, trois Croches chaque temps.

Pour avoir une grande exactitude du mouvement, il faut, comme dans la mesure à $\frac{6}{8}$ et à $\frac{9}{8}$, décomposer en Croches et compter 1-2-3 pour chaque temps.

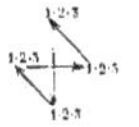

### 34me RÉCRÉATION.

à 4 parties ad lib:

BARCAROLLE par GUICHARD.

Andantino.

Petit Sax: Temp:

dolce. pp dim. rf pp 8va ad lib: p rf dim. dolce. smorz.

## DES TRIOLETS.

Les *Triolets*, sont, pour ainsi dire des temps de mesures *composées* introduits dans les mesures *simples;* On les exécute un tiers plus vite que les notes ordinaires, puisqu'on en fait *trois* aulieu de *deux*, ou *six* aulieu de *quatre*. Les Triolets sont indiqués par un 3, ou un 6, placé au dessus des notes qui les forment.

### 35$^{me}$ RÉCRÉATION.

à 6 parties ad lib:

* (NOTA) Dans les récréations à 6 parties pour les avoir complêtes il faut, ou la méthode d'ensemble, ou deux petites méthodes, l'une pour un des instruments en MI ♭, n'importe lequel, l'autre pour un des instruments en SI ♭.

## DES TRIOLETS.

Les *Triolets*, sont, pour ainsi dire des temps de mesures *composées* introduits dans les mesures *simples;* On les exécute un tiers plus vite que les notes ordinaires, puisqu'on en fait *trois* aulieu de *deux*, ou *six* aulieu de *quatre*. Les Triolets sont indiqués par un 3, ou un 6, placé au dessus des notes qui les forment.

### 35me RÉCRÉATION.

à 6 parties* ad lib:

*(NOTA) Dans les récréations à 6 parties pour les avoir complètes, il faut, ou la méthode d'ensemble, ou deux petites méthodes, l'une pour un des instruments en SI♭, n'importe lequel, l'autre pour un des instruments en MI♭.

Instruments en Si♭.
AIR ESPAGNOL.
AIR HONGROIS.
AIR TYROLIEN.

Instruments en Mi♭.
AIR VIENNOIS.
AIR RUSSE.
AIR ANGLAIS.

## 36me RÉCRÉATION.

à 6 parties, faisant entendre six airs differents à la fois.*

Dans cette récréation on peut supprimer une ou plusieurs des parties.

All.tto leggiero.

AIR ESPAGNOL. Tous les Cornets à Pist.

AIR HONGROIS. Tous les Sax. Contre-Altos.

AIR TYROLIEN. Les Barytons, les Trombones à Pist. les Basses.

p legato. p ben marcato. mf

## 37me RÉCRÉATION.

à 6 parties ad lib:
Triolets en doubles croches.

Mouvt. de Polka. FIN.

CRACOVIENNE.

mf f

(NOTA) Les parties des MI♭ peuvent être supprimées. Ceux qui n'ont pas une méthode d'ensemble complète et qui tiendraient à avoir les six parties, devront se procurer une petite méthode pour un des instruments en MI♭, n'importe lequel.

Instruments en Mi♭.
AIR VIENNOIS.
AIR RUSSE.
AIR ANGLAIS.

Instruments en Si♭.
AIR ESPAGNOL.
AIR HONGROIS.
AIR TYROLIEN.

## 36me RÉCRÉATION.

à 6 parties, faisant entendre six airs différents à la fois.*

Dans cette récréation on peut supprimer une ou plusieurs des parties.

(NOTA) Les parties des SI ♭ peuvent être supprimées. Ceux qui n'ont pas une méthode d'ensemble complète et qui tiendraient à avoir les six parties, devront se procurer une petite méthode pour un des instruments en SI ♭, n'importe lequel.

Instruments en Si ♭.
AIR ESPAGNOL.
AIR HONGROIS.
AIR TYROLIEN.

Instruments en Mi ♭.
AIR VIENNOIS.
AIR RUSSE.
AIR ANGLAIS.

## 36me RÉCRÉATION.

à 6 parties, faisant entendre six airs differents à la fois.*

Dans cette récréation on peut supprimer une ou plusieurs des parties.

(NOTA) Les parties des MI ♭ peuvent être supprimées. Ceux qui n'ont pas une méthode d'ensemble complète et qui tiendraient à avoir les six parties, devront se procurer une petite méthode pour un des instruments en MI ♭, n'importe lequel.

Instruments en Mi♭.
AIR VIENNOIS.
AIR RUSSE.
AIR ANGLAIS.

Instruments en Si♭.
AIR ESPAGNOL.
AIR HONGROIS.
AIR TYROLIEN.

## 36me RÉCRÉATION.

à 6 parties, faisant entendre six airs differents à la fois.*

Dans cette récréation on peut supprimer une ou plusieurs des parties.

(NOTA) Les parties des SI ♭ peuvent être supprimées. Ceux qui n'ont pas une méthode d'ensemble complète et qui tiendraient à avoir les six parties, devront se procurer une petite méthode pour un des instruments en SI ♭, n'importe lequel.

38me RÉCRÉATION.

à 6 parties ad lib:

## 38me RÉCRÉATION.

à 6 parties ad lib:

# 39$^{me}$ RÉCRÉATION.

à six parties (*)

QUADRILLE par GUICHARD.

(* NOTA) Pour avoir les six parties il faut, ou la Méthode d'ensemble complète, ou deux petites méthodes l'une pour un des instruments en MI ♭, n'importe lequel, l'autre pour un des instruments en SI ♭.

# 39me RÉCRÉATION.

à six parties (★)

QUADRILLE par GUICHARD.

No 1. PANTALON.

ff ff ff

dolce. cresc: f ff pp p pp cresc: f

CODA. FIN.

f f f cresc: ff

CORNET SOLO. D.C.

p

1er TÉNOR SOLO.

p pp

2e fois à la CODA.

(★ NOTA) Pour avoir les six parties il faut, ou la Méthode d'ensemble complète, ou deux petites méthodes l'une pour un des instruments en SI ♭, n'importe lequel, l'autre pour un des instruments en MI ♭.

FIN

N° 2.
ÉTÉ.

ff ff ff pp pp p

N° 3.
POULE.

p dolce pp pp mf mf mf

cresc. cresc. cresc. f f f

CODA

ff ff ff

FIN. 1er CORNET SOLO.

p dolce

2d CORNET SOLO.

pp pp

D.C.

N° 2. ÉTÉ.

*ff*

FIN. CORNET SOLO.

*p*

*pp*

TUTTI.

*p*

N° 3. POULE.

8a ad libitum

*p*

*pp*

*mf*

*ff*

CODA.

*cresc:*

*f*

*ff*

FIN. 1er CORNET SOLO.

*p dolce.*

*pp*

P. SAX. D.C.

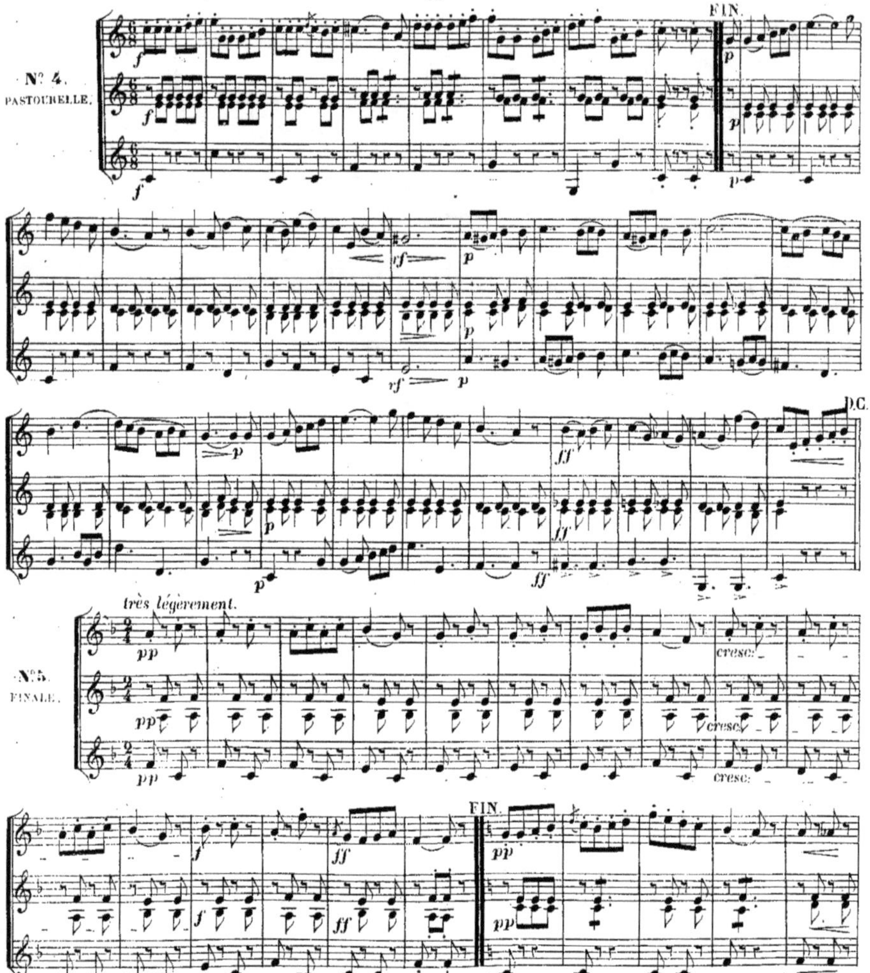

N° 4. PASTOURELLE.

FIN.

D.C.

très légèrement.

N° 5. FINALE.

FIN.

D.C.

FIN.
N° 4.
PASTOURELLE.
D.C.
très légèrement.
N° 5.
FINALE.
cresc:
FIN.
cresc:
D.C.

# 40me RÉCRÉATION.

## pour fanfare complète (*)

FANTAISIE sur des motifs du BARBIER DE SÉVILLE.

Par M. GUICHARD.

(*NOTA) Pour avoir toutes les parties de cette fantaisie, il faut, ou la méthode d'ensemble complète ou deux petites méthodes l'une pour un des instruments en MI ♭, n'importe lequel, l'autre pour un des instruments en SI ♭. _ (NOTA 2a) Les basses en *clef de Fa* lisent les notes du haut.

# 40me RÉCRÉATION.

## pour fanfare complète (*)

FANTAISIE sur des motifs du BARBIER DE SÉVILLE.

Par E. GUICHARD.

(* NOTA) Pour avoir toutes les parties de cette fantaisie, il faut, ou la méthode d'ensemble complète, ou deux petites méthodes, l'une pour un des instruments en SI ♭, n'importe lequel, l'autre pour un des instruments en MI ♭.

Andante.
p CORNET SOLO.
pp
1º SOLO.
pp
pp
tr

Andante.
p CORNET SOLO.
pp
pp
pp
tr

Allegro.
TUTTI.
SOLO.
TUTTI.
TUTTI.
SOLO.
TUTTI.
TUTTI.
SOLO.
SOLO.
rall:
rall:

Allegro.
TUTTI.
CORNET SOLO.
pp
f
p
8a ad libitum.
8a ad lib.
ff
rall.

Mouvt. de valse.
TUTTI.
SOLO.
le 2d avec les basses.
cresc:
SOLO.

Mouvt de valse
TUTTI
1
2
3
4
p
cresc:
1o SOLO
f
ff

SOLO.
pp
pp
à 2.
SOLO.
p
le 2d avec les basses.
pp
TUTTI.
mf
mf
TUTTI.
mf
mf
cresc:
ff
p
cresc:
ff
p
SOLO.
cresc:
ff
p
le 2d avec les basses.
cresc:
ff
p

CORNET SOLO.
pp
pp
pp
TUTTI.
8a ad libitum.
mf
mf
mf
mf
8
cresc:
cresc:
cresc:
cresc:
ff
ff
ff
ff
p
p
p

SOLO.
pp
SOLO.
p
TUTTI.
f
ff

CORNET SOLO.
pp
TUTTI.
f
ff

mf
cresc:
ff
dimin:
p
cresc:
tr

Paris L. Parent grav: Impr. rue Rodier 49.